Gottesgaben entdecken

AF211461

Udo Jürgens

Gottesgaben entdecken

Spurensuche an vier Orten mit gleichem Namen

Satz, Umschlagdesign, Herstellung und Verlag: Books on Demand GmbH,
Norderstedt
ISBN 3-8334-1215-1

Inhalt

Für Udo Jürgens, GOTTESGABEN entdecken

Viele, viele Texte von Udo Jürgens habe ich schon gelesen. Manchmal habe ich geschmunzelt, manchmal hell aufgelacht. Oft aber auch wurde ich still, nachdenklich, über das, was er geschrieben hat. Doch schon bald fragt man sich weiter, ob man selber Ähnliches wohl auch in seinem eigenen Leben erlebt hat und finden könnte.

Das ist es, was Udo Jürgens immer wieder gelingt: dichterische Aufmerksamkeit. Er hält den schnellen Ablauf der Augenblicke auf und läßt verweilen und lädt zum Innehalten ein. Immer wieder öffnet er den Blick für das Besondere im Einfachen.

Nicht nur schwarz-weiß ist die Welt
sie hat feine Zwischentöne
Liebe sie zusammenhält
Lebe für das Gute ... Schöne

Diese vier Zeilen sind so etwas wie ein poetisches Credo des Verfassers, und sie deuten gleichzeitig sein ethisches Engagement an.

In der Bibel heißt es einmal: Die Erde ist voll von der Güte des Herrn.

Udo Jürgens hat dafür ein Gespür.

Die Welt ist für ihn – so unkenntlich das manchen Zeitgenossen sein mag – Gottes Schöpfung und eine Fundgrube kleiner und großer Wunder, die zum Staunen einladen.

Dass er dabei durchaus kritisch auch mit den dunklen Seiten menschlicher Geschichte umgeht und auch das Schmerzliche nicht ausspart, kennzeichnet sein Bemühen, die Welt nicht unproblematischer zu zeichnen, als sie ist.

Doch wichtiger ist ihm: die Freude am täglichen Leben zu wecken – und darum ist dieses Buch, in dem er nach eigenen Worten seine Lebensarbeit zusammenfasst, ein wichtiges Buch: Es soll helfen und erfreuen, das Herz öffnen und offen halten für das, was Gott uns gegeben hat und weiter gibt.

Maria Jepsen, Bischöfin für Hamburg

WIR MENSCHEN

WIR MENSCHEN ALLE LEBEN ...
WIE WIR **LIEBEN** ...
WIE WIR **GLAUBEN** ...
UND WIE WIR **HOFFEN** ...
LIEBE SCHWESTERN UND BRÜDER ...
HELFEN WIR UNS DABEI MITEINANDER ...
AMEN.

VOR – WEG

Vor fünfzig Jahren war ich Schüler und Konfirmand. In Gottesgabe, wo ich damals mit meinen Eltern und meiner Schwester lebte, hörte und spürte ich von Gott und der Welt. Bei Sonnenschein war für mich Gottesgabe ein Paradies. Lag ich dann träumend im Gras oben am Hünengrab; wünschte ich ... so sehr, – eine Kapelle, ja ein Kirchlein hierher! Damals schrieb ich den erfolgreichen Aufsatz von meinem Heimatdorf.

Jahre später zog ich mit den Aufsatzgedanken auf Spurensuche.

Der Kapellen-Traum von damals ... ist heute mein Buch. Darin erzähle ich: Mit Zeichnungen, Bildern, Fotografien, Geschichten, gefundene Geschichte, verdichtete Gedanken und Gedichte (auch plattdeutsch) ... von meinem Dank für alle lieben Mitmenschen, die mich begleiteten und bestätigten ... in und weit vor meiner Zeit.

Ich entdeckte GOTTESGABEN. Die Suche ist noch nicht abgeschlossen. Liebe Leserin und lieber Leser, wir können noch manches entdecken!

Gedanken ... fliegen, reisen, eilen;
im Vergangenen ... verweilen;
Wahrheit hören – nicht erschrecken!
Atem holen – Gutes wecken ...
weiter-gehen klarer sehen ...
täglich leben – neu verstehen.

Gottesgabe (Auffahrt zum Herrenhaus Holstein)

1. Teil

Gottesgabe in Ostholstein

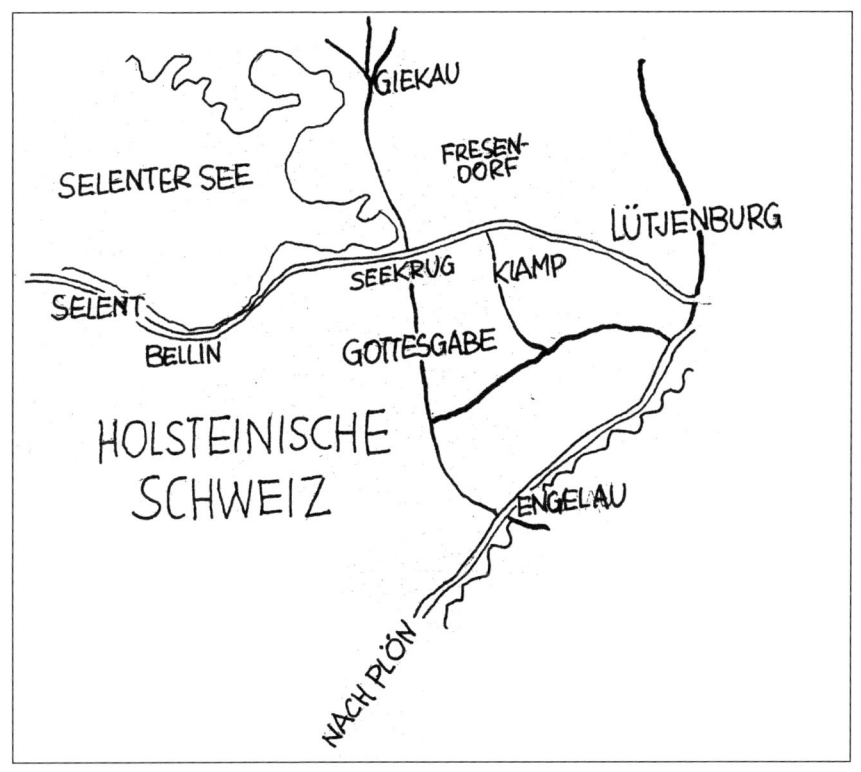

Lage-Skizze

AUS GNADE
SEID IHR SELIG GEWORDEN
DURCH GLAUBEN
UND DAS NICHT AUS EUCH
GOTTES GABE IST ES   Epheser 2,8

Gott liebt dich und braucht dich;
das ist die Summe des Evangeliums,
das kann dich bereits schon glücklich machen
mit allen Mühen und Schmerzen.
Es ist Gottes Gabe, dass ER dich liebt und braucht.
Du kannst ihm nur entsprechen,
kannst auch daran schuldig werden,
aber kannst es nicht selbst bestimmen.
Setz darauf: GOTT hat dich lieb und braucht dich!
Mach was daraus.

PLATT

Epheser 2,8

Jo, ick segg dat noch mal:
Dörch de Gnad sünd ji redd worrn,
un de Glow hett dorbi den utslag gewen.
Ji harrn dat nich verdeent.
nä, GODD hett ju gewn ... GODDS-GOW.

DER AUFSATZ – ANFANG DER FÜNFZIGER
GOTTESGABE MEIN HEIMATORT

Den Mittelpunkt unseres Dorfes bildet der Gutshof „GOTTES-GABE". Er liegt eingebettet zwischen den typischen Hügelwellen der Holsteinischen Schweiz. Das Hauptgebäude ist das sogenannte Herrenhaus mit zwei alten Linden und einer Kiefer davor. Im Herrenhaus war 1952 eine einklassige Schule. Der Lehrer war Herr Schaepe.

Der Hofplatz war einmal von Ställen umgeben. Zum Ende des 2. Weltkriegs ist ein Stall abgebrannt.

Nach der Aufteilung des Gutes wurde der Stall, der dem Herrenhaus gegenüberliegt, zur Hälfte in ein Wohnhaus umgebaut.

Vom Hof führt nach Westen ein Weg in den großen Buchenwald, das Buchholz genannt, das in das Lammershagener Gehölz übergeht. Vor dem Waldrand liegt der Teich. Weiter entlang die mächtige Kiesgrube, deren Kies und Sand zum Giekauer Wegebau gebraucht wird.

Nordöstlich vom Hof geht der Weg an den Doppelhäusern des Dorfes vorbei zum Verbindungsweg zur Plöner Chaussee im Süden und der Kieler Chaussee im Norden. Auch südöstlich des Hofes führt ein Weg zur Verbindungsstrecke. Dieser Hauptweg wird im Dorfbereich von knorrigen, alten Eichen beschattet und überdacht. Sechs Bauernhöfe, im Jahre 1949 gebaut, liegen am Hauptweg. Ein Teil Damm, ehemalige Bahnlinie „Lütjenburg – Preetz", begleitet nach Norden.

Auch zur „Ziegelei Gottesgabe" war damals ein Gleisanschluss. Zu Gottesgabe gehören insgesamt: die schon erwähnte Ziegelei, deren Siedlung, mit fleißiger Eigenhilfe 1949 aufgebaut, das Haus des Pächters und das des Ziegelmeisters.

Die große Ziegelei mit ihren weit ausgedehnten Loren-Schienensträngen für den Lehmtransport liegt unweit der Kiesgrube südwestlich des Hofes. Ihr Schornstein hat eine Höhe von 53 Metern. Das Werk wurde 1922 bis 1924 angelegt. In den ersten Jahren lieferte es jährlich über 300.000 Ziegelsteine; in den fünfziger Jahren sind es bis zu drei Millionen Ziegel.

Die Wohnhäuser, das des Pächters und des Meisters, liegen auf dem Berg. Auf diesem soll in alter Zeit die Gutsziegelei gewesen sein; denn Steinschotter ist dort an einigen Stellen zu finden.

Im Anschluss an diesem Berg ist nach Westen die höchste Erhebung der Umgebung, – das „HÜNENGRAB". Um 1928 wollten Wissenschaftler aus Jena Untersuchungen durchführen. Doch das „HÜNENGRAB" blieb unberührt.

Ab 1949 baute die Landgesellschaft aus Kiel die sieben Doppelhäuser für Ziegelei- und Gutsarbeiter. Das Geschäft des Elektrikers Jens kommt dazu. Seine Frau „Tante Lilly" bietet bald fast alles an: Von A al bis Z eitungen. Es ist ein echter Krämerladen.

Seekrug
Bei Gottesgabe, Holstein

Das ist mein Dorf „Gottesgabe". Im Mittelalter hatte es den Namen „Hartmersdorp" oder „Hartmannsdorf". Die grausige Pest zog über die Lande. Die Seuche raffte ... bis auf einen Einwohner ... der einzige, der nach Schweden floh, ... alle Dorfbewohner weg.

Die leeren Häuser wurden bald darauf als Schutzmaßnahme gegen die Pest niedergebrannt.
Die heutige Lage des Gesamtdorfes soll angeblich die gleiche wie damals sein.

„GOTTESGABE", der Name wird in einer Legende erzählt:
Ein Raubritter wütete in der Gegend und quälte die Menschen. Bei einem Raubzug geriet er in einen Sumpf. Immer tiefer zog ihn der Morast. Verzweifelt schrie er um Hilfe. Es nützte ihm nichts. Die Bauern standen am Rand und schauten zu. Er versprach ... hoch und heilig: nie mehr zu rauben und ein Dorf zu gründen! Mit vereinten Kräften ... retteten sie ihn. Seine ersten Worte waren: „GOTTES... GABE!" Er blieb nun ein guter Rittersmann.
    Zwei Kilometer nördlich des Dorfes liegt das Ufer des klaren, aus der Eiszeit stammenden, Selenter Sees. Es ist der zweitgrößte See Schleswig-Holsteins. Im Sommer lädt er an lauschigen Stellen zum Baden. Im Winter, zugefroren, ist er dann eine riesige Eisbahn.
    Dort, wo der Hauptweg auf die Kieler Chaussee stößt, liegt das

Gasthaus „SEEKRUG". Hier im „SEEKRUG" feiern gerne die Gottesgabener.

Das Buchholz hat Hoch- und Niederwald und dazu einen Reichtum an Tieren. Mein Vater zeigte mir oft und gerne die „fünfhundertjährige" Buche. Zu jeder Jahreszeit sind Wanderungen und Beobachtungen für naturliebende Menschen hochinteressant. Damwild, Rehe, Wildschweine, Dachse, Füchse, Hasen und Kaninchen zum Beispiel leben im und am Buchholz. Alle heimischen Vögel nisten am und im Wald. Auch Seeadler zogen im Buchholz ihre Jungen auf.

Felder und Wiesen umgeben unser kleines und liebes Dorf „GOTTESGABE". Im Frühling, Sommer und Herbst grasen Rinder, Pferde und auch mal Schweine auf den saftigen Weiden. Der Wind streicht über Korn-, Rüben- und Rapsfelder. Feld- und Gartenblumen leuchten in der Sonne. Vogelgezwitscher erfüllt die Luft. GOTTESGABE schenkt ein Leben mit der Natur.

Im Winter liegt unser Dorf einsam und leer. Das Land ruht aus. Nur in den Ästen der alten Bäume krächzen ein paar Krähen. Doch Raureif und Schnee formen GOTTESGABE in eine Märchenlandschaft.

Alte Scheune in Gottesgabe, Holstein

Bunte Wäsche in Gottesgabe

Gottesgabe Rundgang

Nach GOTTESGABE

Von der Großstadt bin ich in die Natur gekommen. Ich konnte das Wachsen, Grünen, Blühen und Reifen der Pflanzen sehen; Insekten und Kleintiere entdecken; Waldameisen zugucken. Ich habe den Specht beim Klopfen zugehört und Seeadler kreisen sehen.

Die Ziege umgetütert; Schafe auf die Wiese getrieben; Pferde ohne Sattel geritten; Kaninchen gestreichelt und mit Katzen und Hunden gespielt. Habe Milch von den Kühen geholt, dabei heimlich die Sahne probiert.

Habe die Ställe ausgemistet und mit Stroh frisch gestreut. Dabei lernte ich Pferde-, Kuh- und Schweinedung riechen und unterscheiden. Entdeckte den heilen Kreislauf der Jahreszeiten. Mit Leib und Seele spürte ich überall die Natur. GOTTES GABE.

Ziegelei Gottesgabe vom Wald aus

GOTTES-GABE & -LIEBE

Meine Kusine Waltraut regte, pflegte und hegte unsere erwachende jugendliche Liebe zueinander. Paradiesisch waren alle Jahreszeiten. Wir halfen uns beständig. Wir entdeckten unsere Gefühle. Liebe entwickelt Glaube, schafft Hoffnung, stärkt Geduld, Vertrauen und Treue, vertieft Freundschaft und Verbundenheit.

Zwischen Feld und Hecken
manch ein schmaler Gang
süßes, seliges Verstecken
einen Sommer lang.
Sehen wir uns von ferne
zögert sie den Schritt
rupft ein Blümchen gerne
nimmt ein Blättchen mit.
Wir kommen zueinander ...
werden rot wie Mohn ...
Hände suchen einander ...
wir kennen uns doch schon.
Zwischen Feld und Hecken
manch ein schmaler Gang ...
süßes, seliges Verstecken ...
manchen Sommer lang.

(frei nach Detlev von Liliencron)

Alle lieben Erfahrungen bestimmen lebenslang unser Dasein. Sie sind Gottes Gabe.

GOTTESGABE ERSTE LIEBE

Mit jugendlichen, hellwachen Sinnen vertiefte sich in Gottesgabe meine Liebe zur Natur und dem Leben. Ich entdeckte Zusammenhänge. Liebeserwachen im eigenen Körper.

Meine erste Liebe hieß Barbara. Ob Barbara es damals spürte – ich weiß es nicht.

Mit meiner liebsten Kusine Waltraut konnte ich alles besprechen. Wir halfen uns ständig beim Aufklären aller Erfahrungen. Für uns waren es wertvolle Geheimnisse. Mit den Eltern und Lehrern waren diese so wichtigen Jugendfragen ... tabu.

Mit Waltraut besuchte ich Theater und erlebte andere kulturelle Angebote in der nahen Stadt Lütjenburg und der Landeshauptstadt Kiel. Gemeinsames Schwimmen im Selenter See und der Ostsee bei Hohwacht waren geschätzte Sommervergnügen.

Für mich ist heute alles ... gereifte, wertvollste Erinnerung. Mein Herz schlägt still, – wird warm bei den Gedanken an die ersten Lieben.

Eselfrühling

Ein Esel zwischen Blüten.
IA
Möcht' seinen Ruf gern hüten.
IA
Hat eine Liebe sich erkoren!
IA
Er ist verliebt bis über beide Ohren.
IA... IA... IA

Haus auf dem Berg (Gottesgabe um 1950)

Ein paar ZACKEN aus der CHRONIK GOTTESGABE

Die Siedler von GOTTESGABE ab 1949 sind Landwirte und Mitarbeiter vom Gut und der größten Arbeitsstelle, der Ziegelei.

Zum Erinnern ihre Namen: GOESSING, Hugo;   HAGEN, Oskar; SCHLÜNZ, Johs; LANGFELDT, Wilhelm; GRUNENBERG, Josef; GURSKI, Willi; JOSTEN, Johannes; STENZEL, Erich; ZAGER, Helmut; KOLLS, Hans; KRUPPE, Gerhard; BLESSING, Wilh.; FECHNER, Otto; HEESCH, Paul; DETLEF, Hans; KIMM, Otto; SCHULDT, Friedrich; LEHMANN, Heinrich; OSTACH, W.; PEGLOW, Margarethe; BOCK, Helmut; SCHWEIG, Anna; RONNFELDT, Helmut; WOLF, Walter; GUDSZENT, Hans; PECHT, Theo; GOLTZ, Max; KRÖGER, Paul; JÜRGENS, Hans; STOCKMAR,

Dorothea; SCHÜMANN, Hans; GEHRMANN, Max; HALLMANN, Alfred; und GERDAU, Wilhelm.

Neben jedem fleißigen Mann steht in dieser Aufbauzeit … mindestens eine gute Frau. Bei meinem Vater war es MARTHA, meine Mutter. Hiermit ehre und danke ich – mit ihrem Namen – für ALLE STILLEN … UNGENANNTEN! Sie ALLE haben fleißig mitgeholfen: auszuschachten, die Häuser zu bauen und das Land zu bestellen!

GRATULIERE … GOTTESGABE!

Alle FRAUEN und MÄNNER, deine Einwohner, haben deine Natürlichkeit bewahrt. Der sandige Hauptweg einst … mit den knorrigen Eichen … ist eine Rennstrecke geworden.

Hünengrab und Ziegelei wachsen zu. Die Kiesgrube vernarbt natürlich. Die Tiere gewinnen den Lebensraum zurück …

GOTT SEI DANK! – GOTTESGABE!

GOTTESGABE ein Beweis ...

Frau Hanna Josten aus Gottesgabe schrieb: Dieser Ortsname ist schon etwas BESONDERES, er ruft bei Fremden nicht selten ein Staunen und Wundern hervor.

In einem Gespräch in Hamburg mit Herrn Professor Dr. Wolfgang Deppert erfuhr ich, – dass wohl die ev. Herrnhuter Brüderunität in Deutschland den Namen Gottesgabe verbreitete.

Pastor Herr Christian Hube aus Giekau schrieb:
Vermutlich gehörte Gottesgabe (anders als Klamp) kirchlich nach Selent, – (so wie Engelau nach Neukirchen heute noch eingefarrt ist). Wenigstens wurde der zu Gut Neuhaus gehörende Meierhof GOTTESGABE im April ... vermutlich des Jahres 1911 ... unsere Kirchenchronik lässt die Jahreszahl versehentlich aus; berichtet wird im Abschnitt über die Jahre 1911 bis 1915 ... aus der Kirchengemeinde Selent ausgefahrt und in die Giekauer Kirchengemeinde eingefarrt. Älter ist offenbar unsere kirchliche Verbindung zu GOTTESGABE noch nicht. Allerdings ist der Name nicht einmalig. Auf einer Fahrt durch Mecklenburg in der Nähe von Gadebusch fiel uns der Dorfname „GOTTESGABE" auf. Ein weiteres GOTTESGABE gibt es bei Altfriedland in der Märkischen Schweiz. Auch im Erzgebirge zwischen Spitzberg und Fichtelberg liegt ein GOTTESGAB.

Für mich ist GOTTESGABE der Beweis und Dank unserer Vorfahren an den Schöpfer unserer schönen Welt und einzigen Erde.
Einladend und erholsam sind alle Naturräume in und um GOTTESGABE:
Das BUCHHOLZ, der SELENTER SEE und die HOLSTEINISCHE SCHWEIZ.

HERRNHUTER BRÜDERGEMEINE

Nikolaus Ludwig Reichsgraf von Zinzendorf und Pottendorf gründete 1722 auf seinem Gut Berthelsdorf mit Emigranten aus Kreisen der Böhmen und Mährischen Brüder die erneuerte Brüderunität. Daraus entstand die Herrnhuter Brüdergemeine für religiös Verfolgte. Der Stammsitz wurde Herrnhut in Sachsen. Noch heute ist dort ein Archiv, eine Buchhandlung und ein völkerkundliches Museum. In den Kirchen leuchten uns oft in der Weihnachtszeit die vielstrahligen Herrnhuter Sterne.

Tante Irma und Onkel Walter sind,
so glaube ich, das älteste Ehepaar in Gottesgabe.
Sie haben etlichen Feriengästen
Gottesgaber Gastfreundschaft erwiesen.
Tante Irma sang im Giekauer Kirchenchor.
Sie hat sich für Gottesgabe stimmlich stark gemacht.
Gott sei Dank!

Ziegelei-Arbeiter in den "Zwanzigern"(Gottesgabe in Holstein)

DRAUSSEN VOR DER TÜR

Der Sohn des Ziegelei-Pächters will heiraten.
Eine Hochzeitsfeier wird auf dem Berg vorbereitet.
Gäste sind auch der Schriftsteller und Dichter
Wolfgang Borchert mit Mutter. Sie feiern mit.
Wir Kinder damals haben sie gesehen:
Draußen vor der Tür ...

Die Apfelblüten tun sich langsam zu
beim Abendvers der süßen Vogelkehle.
Die Frösche sammeln sich am Fuß des Stegs.
Die Biene summt den Tag zur Ruh –
nur meine Seele ist noch unterwegs.
Die Straße sehnt sich nach der nahen Stadt,
wo in der Nacht das Leben weiter glimmt,
weil hier noch Herzen schlagen.
Wer jetzt noch kein Zuhause hat,
wenn ihn die Nacht gefangen nimmt,
der muss noch lange fragen:
Warum die Blumen leidlos sind –
warum die Vögel niemals weinen –
und ob der Mond wohl auch so müde ist ...
und dann erbarmt sich leis ein Wind des einen,
bis er – im Schlaf – vergisst.

(Wolfgang Borchert)

Denken -
an-denken ...
mit-denken ...
nach-denken ...
danken
an-danken,
mit-danken,
nach-danken.

FRÜHLING IN GOTTESGABE

G rün verschleiert Land und Wald;
O ben am Hünengrab ...
T aumeln erste Schmetterlinge
T räumend auf und ab.
E nten schnattern im Hof am Teich.
S chwalben sind wieder da.
G ezwitscher in Sträuchern und Bäumen:
A msel, Drossel, Fink und Star.
B uchen grünen zart und mild
E ichen beschatten Rinder und Wild.

SOMMERTAG

Am Teich da blühen Vergissmeinnicht
Vertrauen braucht die Zeit
die Sonne scheint mit Zuversicht
macht die Herzen warm und weit.
Löwenzahn ... wie goldne Sterne
am Walde und auf Wiesen stehen
Pusteblumen ... Kinderspiele ...
gar zu schnell verwehen.

Gern sitze ich am Hünengrab'
und schaue in die Runde:
Wie friedlich zeigt sich GOTTESGABE
in einer Sommerstunde.

Am Teich in Gottesgabe

GOTTESGABE 15. Juni 1999

Bei meiner Schwester ELKE bin ich eingekehrt. Wieder einmal im Elternhaus. Nach dem Telefonat mit dem Amt wissen wir: Heute leben 85 lebenslustige Gottesgabener im Dorf.

Auf dem Hof 1 beim Bauern Andreas sind es (mit Mann und Maus):

Vier weibliche und drei männliche Mitmenschen; dazu 29 Rinder und über 50 Hühner. Ein Hund knurrt im Haus. Vor dem Hof Zager/Zill zähle ich über 30 Rinder und 3 Pferde.

Überwiegend warnen Schilder: VOR DEM HUNDE!

Der Altbauer STENZEL stellt seinen Mäher ab; nennt sich als ZUGEREISTER und genießt dabei sein sehr persönliches Dorfwissen.

Über 70 Mädchen und Jungen lernen spielend fröhlich in der Grundschule am Seekrug.

Bei Annamarie wachsen, blühen und gedeihen GOTTESGABENER KIWIS. Sie schmecken lecker und halten uns lustig und frisch!

Im Hofbereich wird Gemüse biologisch sinnvoll gepflanzt und aufgezogen ... selbstverständlich auch angeboten.

„Im sommerlichen GOTTESGABE leben wir paradiesisch!", sagen Urlauber vor dem ehemaligen Herrenhaus; sie ziehen mit ihren Kindern ins grünende Buchholz. Drei Hasen hoppeln gemütlich auf dem Waldweg.

Ja, in GOTTESGABE lebt die Natur ... pur.

Schwester Elke und Hansi auf Liebesbahn ... Fünfziger Jahre

GOTTES GABE

ICH FÜHLTE MICH NIE ALLEIN
MITTEN IN DER NATUR
LOS GEHEN
RIECHEN
SPÜREN
HÖREN UND SEHEN
WACHSEN UND BLÜHEN
DUFTEN UND REIFEN
VÖGEL SINGEN
LOBEND UND EHREND

Am Selenter See

LEBE

LEBE UND LEBEN LASSEN
UND GUTES DENKEN
WIRD
LIEBE UND LIEBEN LASSEN
UND SCHENKEN

Gebet

Noch bevor wir Dich suchen,
GOTT,
bist Du bei uns gewesen.
Wenn wir zu Dir rufen,
VATER,
hast Du uns schon längst geliebt.
Du bist für uns: Mutter, Freund und Freundin.
Rufen wir:
H E R R !
So bist Du uns Bruder in JESUS CHRISTUS.
Du hast uns auf alle Weisen zuerst geliebt.
Wir sind hier: Nicht besonders gut und fromm;
sondern weil Du ...
unser GOTT bist,
die unendliche Liebe.
Es ist gut: DIR nahe zu sein!   Amen.

(nach Kurt Marti)

Gottesgaber Kinder

2. Teil

Gottesgabe in Mecklenburg-Vorpommern

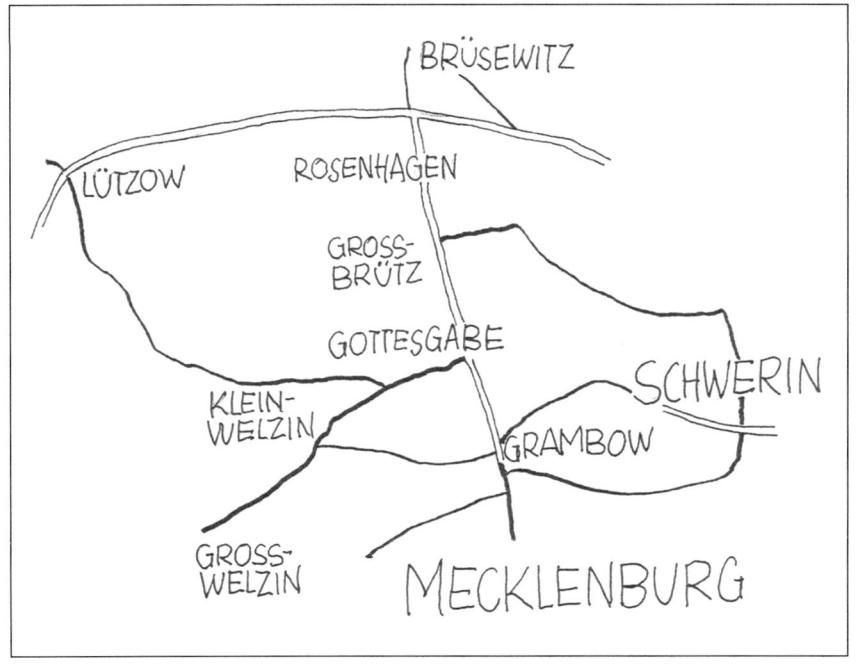

LIEBE LESERIN UND LIEBER LESER,

kommen Sie mit nach Mecklenburg-Vorpommern.
Es ist ein welliges, malerisches Land
mit Wäldern und Feldern zwischen den Seen.
Schattige Alleen verbinden Dörfer mit Städtchen
hinter dem reizvollen Schaalsee ... kommen Sie.

Denn wenn Gott einem Menschen
Reichtum und Güter gibt und lässt ihn
davon essen und trinken und seinen Teil
nehmen und fröhlich sein bei seinen Mühen,
so ist das eine Gottesgabe.

– Kor 5,18 –

Gottes größte Gabe für den Menschen

Gottes größte Gabe für den Menschen ist der Intellekt, die Möglichkeit der Erkenntnis ... Wir sehen, in wie mannigfacher Weise der Mensch vermocht hat, die Naturkräfte seinem Willen zu unterwerfen. Wie bedrückend ist es doch, zu sehen, dass der Mensch seine von Gott verliehenen Gaben missbraucht, um Gottes Gebot „Du sollst nicht töten" zu verletzen und Christi Vorschrift „Liebet einander" Trotz zu bieten!

Gott gab dem Menschen diese Macht, damit er sie zum Fortschritt der Zivilisation, zum Heil der Menschheit und zur Förderung der Liebe, der Eintracht und des Friedens nutze. Der Mensch aber zieht vor, diese Gabe zur Vernichtung statt zum Aufbau zu verwenden, zu Ungerechtigkeit und Unterdrückung, zu Hass und Missklang, zur Verwüstung und zur Ausrottung seiner Nächsten, denen Christus befohlen hat, einander zu lieben!

Ich hoffe, daß ihr eure Erkenntnisfähigkeit benutzen werdet, um die Einheit und Ruhe des Menschengeschlechtes zu fördern, dem Volk Belebung und Zivilisation zu geben, Liebe überall um euch zu wecken und den allgemeinen Frieden herbeizuführen.

Studiert die Wissenschaften, eignet euch mehr und mehr Wissen an. Man kann gewiss bis an sein Lebensende lernen. Nutzt euer Wissen stets zum Wohle anderer, dann mag der Krieg von dieser schönen Erde ablassen und ein herrlicher Bau des Friedens und der Eintracht aufgerichtet werden. Bemüht euch darum, daß eure hohen Ideale im Reiche Gottes auf der Erde wie im Himmel verwirklicht werden mögen.

Aus der Lehre der Bahá'i-Religion

ZUR BAHA'I RELIGION

Diese Religion ist noch jung. Der Perser Mirza Husain Ali Nuri gründete um 1863 (prophetisch „GLANZ GOTTES") die benannte Religion. Die Wurzeln stammen aus dem schiitischen Islam.
Über 5,7 Millionen Anhänger, vorwiegend im Iran, glauben heute.
Im Iran ist diese Religion seit 1983 verboten.
Zu ihren 12 theologischen Grundprinzipien gehören:
Die Verwirklichung einer auf die Souveränität GOTTES gegründeten Weltordnung des universalen FRIEDENS und umfassender GERECHTIGKEIT.

Hier kann ich gedanklich und verständlich nachvollziehen:
Jesus sagt in der Bergpredigt:
„SELIG SIND DIE FRIEDFERTIGEN;
DENN SIE WERDEN GOTTES KINDER HEISSEN."
Matthäus 5,9.

Alle Religionen müssen einander mit Liebe, Glaube und Hoffnung begegnen und tolerieren ... so kann Friede und Gerechtigkeit rund um unsere einzige Erde reifen.

Das sogenannte Schloss in Gottesgabe (Mecklenburg)

Rundum GOTTESGABE

Auf eine ehemalige Kleinburg aus dem 13. und 14. Jahrhundert weisen Schilder hin. Ein Beispiel: Wüstung Davermur ... mit frühdeutscher Turmhügelburg. Das benachbarte Moor erhielt seinen Namen danach: Dabelmoor.

Die Burganlage war Wohnsitz und Verteidigung des Dorfgründers Johannes Preen (curia sua in Davermur) urkundlich im Jahre 1336 erwähnt.

Die Anlage besteht aus einem errichteten Burghügel mit Wehrturm und einem angeschlossenen viereckigen Hof. Ein Wall mit Palisadenzaun befestigte den inneren Lebensbereich. Alles umschloss ein tiefer Wassergraben. Eine Zugbrücke führte darüber.

Turmhügelburg und Hof, mit Wohn- und Wirtschaftsgebäude, wurden bei Gefahr auf engstem Raum verteidigt. Der Burghügel war etwa 3 m hoch; die Plattform hatte einen Durchmesser von 8 m. Der Hügeldurchmesser war ca. 15 m. Der Schutzgraben wurde von der vorbeifließenden Wurzelbeck geflutet.

Wüste Zeiten ... damals.

Turmhügelburg Nachbau bei Lütjenburg in Holstein

GOTTESGABE MECKLENBURG
WÜSTUNG DAVERMUR

Frühe Turmhügelburg bei Gottesgabe. Eine kleine Burg um 1200 n. Ch. im Bereich des Dorfes DAVERMUR. GOTTESGABE nach DAVERMUR? Die Hügelburg war in wüsten Zeiten für Anwohner ein Verteidigungsbereich. Oft Landbesitz eines Ritters und Dorfgründers.

Die Kleinburg steht auf einem von Menschenhand geschaffenen Hügel. Hat einen hölzernen Wehrturm mit angeschlossenem viereckigen Hof. Alles ist mit Wassergraben, Wall und Palisadenzaun gesichert. Eine Brücke verbindet über den Graben hinweg.

Im Hof lagen die Wohnungen und Wirtschaftsgebäude aller Mitbewohner: Rittersleut, Bauern, Handwerker und Soldaten. Bei Gefahr zogen sich alle in die Turmhügelburg zum Verteidigen zurück. Kriegerische Zeiten!

Manche Wehrtürme waren mit Ziegel gemauert und mit Fachwerk verstärkt.

in einer kleinen Dorfkirche
in Mecklenburg

AUS DER GESCHICHTE

Gottesgabe ist ein altes Gut, das früher Davermoor hieß. Es gehörte Ende des 13. Jahrhunderts den Maltzahns, Mitte des 14. Jahrhunderts zur Familie von Preen. Der Davermoorer Zweig dieses Geschlechts starb mit dem Vitalienbruder Marquard Preen in der Fremde aus. Im 15. Jahrhundert lebt abermals ein Preen in Davermoor. Das Gut wechselt in andere Hände und geht nach 1497 in die Feldmark von Groß-Brütz über. Gehört danach der Familie Halberstadt auf Brütz.

Anfang des 17. Jahrhunderts wurde in Davermoor das neue Gut Gottesgabe errichtet. Bis zum Ende des 19. Jahrhunderts lebte und hegte hier die Familie von Schuckmann.

Das Gottesgaber Herrenhaus ist unter den mecklenburgischen Landsitzen einzigartig: Es ist ursprünglich mit drei Flügeln, die im Dreieck zueinander standen, errichtet worden.

Der im Inneren dreieckige, gepflasterte und offene Hof ist später, etwa Mitte des 19. Jahrhunderts, überdacht worden. Von den sehr alten, gewölbten Kellern ... wird erzählt, dass Klaus Störtebeker ... hier gefangen gesessen haben soll. Der jüngere Ruhm des Hauses erzählt vom Freiheitsdichter und -kämpfer Theodor Körner ...

VON DER ANREISE

September 2002: Hügeliges – weites Mecklenburg; dazwischen Baum- und Waldgruppen. Die Ernte ist hier fast geschafft. Wir beide: Hannes, mein Freund und Fahrer, und ich erreichen Gottesgabe. Wenige Häuser, etliche Einzelhäuser mit schmucken spätsommerlichen Gärten. Ein Spritzenhaus, mit dem Turm für die

Schläuche, wirkt wie eine kleine Kapelle ... im ersten Erkennen. Drei Einwohnern begegnen wir. Zwei Frauen werkeln in ihren Vorgärten.

Hannes war mein Fahrer und Begleiter

Ein älterer Mann kommt uns mit seinem schwarzen Mischlings-hund entgegen. „Der tut nichts!" Ich streichle den Hund hinter den Ohren. 53 Jahre lebt der 82-jährige Mann im Ort ... wie der Orts-name entstand ... er weiß es nicht. Er zeigt zum hellen, größeren Haus, es wirkt wie ein ehemaliges Gutshaus, hinüber: „Im Schloss dort verbrachte der Freiheitskämpfer und -dichter, Theodor Körner, seine letzten Stunden ... bevor er fiel." Im sogenannten Schloss ist zur Zeit ein Brautkleider-Verleih.

26. August 1813 GOTTESGABE bei GADEBUSCH

Die deutschen Länder stehen im Freiheitskampf gegen Napoleons Truppen. Die berittenen Jäger des Lützowschen Freikorps sind im Gottesgaber Gutshaus versammelt.

Das ist Lützows wild-verwegene Jagd! Unter ihnen ist der sächsische Freiheitsdichter: THEODOR KÖRNER. Sie alle sind guter Dinge: Alles fürs Vaterland! Theodor Körner rezitiert sein Schwertlied und andere Verse. Beifall rauscht durch den Saal. Morgen wird der Feind besiegt. Ein Gefecht im Rosenower Forst steht bevor.

KARL THEODOR KÖRNER
(1791 – 1813)

Gebet während der Schlacht

Vater, ich rufe Dich!
Brüllend umwölkt mich der Dampf der Geschütze,
Sprühend umzucken mich rasselnde Blitze.
Lenker der Schlachten, ich rufe Dich!
Vater Du, führe mich!
Führ mich zum Siege, führ mich zum Tode:
Herr, ich erkenne Deine Gebote;
Herr, wie Du willst, so führe mich!
Gott, ich erkenne Dich!
So im herbstlichen Rauschen der Blätter,
Als im Schlachten-Donnerwetter,
Urquell der Gnade, erkenn' ich Dich.
Vater Du, segne mich!

Am 27. August 1813 ist der Kampf des Lützow'schen Freikorps
erfolgreich. Doch Theodor Körner fällt im Scharmützel. Seine
Kameraden geloben an seiner Bahre, in seinem Sinne weiterzu-
kämpfen.

Übrigens ...

Die Farben der heutigen Flagge der Bundesrepublik Deutschland gehen auf die deutsche Einigungs-Bewegung im frühen 19. Jahrhundert, genauer auf die Uniformen des Lützowschen Freikorps (um 1813) zurück. Die Lützowschen Jäger trugen schwarze Zivilröcke mit roten Samtaufschlägen und goldene Knöpfe. Etliche Burschenschaften übernahmen diese Farben. So setzten sie beim Wartburgfest 1817 schwarzrotgold als Farbe für alle Burschenschaften durch. Schwarzrotgold wurde zum Symbol der Bewegung, die einheitliche deutsche Republik ... Deutschland ist noch auf dem besten Wege ...

MEA CULPA ...

Verständnis

Liebe

Toleranz und eine Menge Geduld

bauen ab so manche Schuld ...

ansehen

anhören

und vergeben

verbessern das Zusammenleben!

... mea culpa ...

GOTTES LIEBE

treibt das Universum

GOTT ist da!

... ich glaube daran.

So erfahre ich mehr, ...

von dem,

was ein gewissenhafter ...

Wissenschaftler

... je erforschen kann.

Mein Vertrauen und Hoffen ...

hält mir Träume offen.

Mit Geduld und Humor ...

öffnen sich für mich ...

manch' Tür und Tor.

GOTT sei dank!

Komm' mit über den Regebogen

entdecke eine buntere, bessere Welt!

Du wirst auch dich ent-decken ...

und bestimmt ... was dir gefällt.

3. Teil

Gottesgabe im Märkischen Oberland

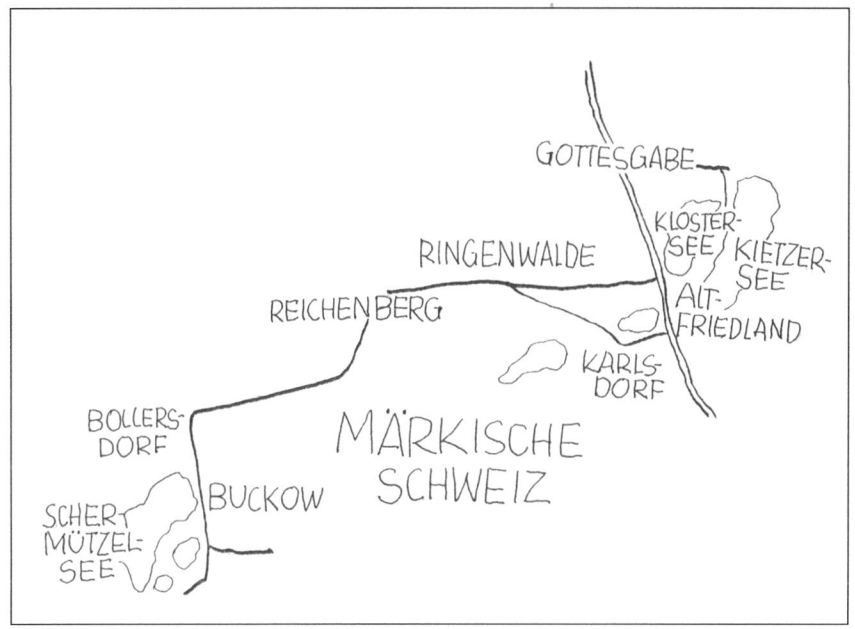

Wegesskizze

GOTTESGABE (MOL)

IN BUCKOW AM SCHERMÜTZELSEE

Mit der Bahn über Berlin; weiter mit dem Bus erreiche ich das Herz der Märkischen Schweiz. In Buckow kehre ich in der Pension bei Wiebke Behrend ein. Von der Geborgenheit des Strandcafés fahre ich mit dem Rad nach Gottesgabe im Märkischen Oberland.

Hier in Buckow verweilte gerne auch Theodor Fontane. Er fand hier manchen Gedanken zu seinen Wanderbeschreibungen.

„... ich sitze in Buckow ... um ungestört zwei Bücher zu machen. Es ist wunderbar hier: See, Berg und Ruhe ...", schrieb 1927 der Reporter und Autor EGON ERWIN KISCH.
Brecht, Weigel, Heartfield ... und andere Schauspieler, Dichter, Zeichner, Maler und Musiker ... suchten und be-suchten diesen Ort.

Von EGON ERWIN KISCH

EGON ERWIN KISCH wurde am 29. April 1885 in Prag geboren.

DER RASENDE REPORTER – unter diesem Decknamen wurde Kisch, der als Begründer der literarischen Reportage gilt, überall bekannt.

TANNEN
IN DER FRÜHE
SIND DIE TANNEN KUPFERN.
SO SAH ICH SIE
VOR EINEM HALBEN JAHRHUNDERT
VOR ZWEI WELTKRIEGEN
MIT JUNGEN AUGEN.

DER RADWECHSEL
ICH SITZE AM STRASSENHANG.
DER FAHRER WECHSELT DAS RAD.
ICH BIN NICHT GERN, WO ICH HERKOMME.
ICH BIN NICHT GERN, WO ICH HINFAHRE.
WARUM SEHE ICH DEN RADWECHSEL
MIT UNGEDULD?

VOR ACHT JAHREN
DA WAR EINE ZEIT
DA WAR ALLES HIER ANDERS.
DIE METZGERFRAU WEISS ES.
DER POSTBOTE HAT EINEN ZU AUFRECHTEN GANG.
UND WAS WAR DER ELEKTRIKER?

DIE MUSEN
WENN DER EISERNE SIE PRÜGELT
SINGEN DIE MUSEN LAUTER.
AUS GEBLÄUTEN AUGEN
HIMMELN SIE IHN HÜNDISCH AN.
DER HINTERN ZUCKT VOR SCHMERZ
DIE SCHAM VOR BEGIERDE.

DIE LÖSUNG
NACH DEM AUFSTAND DES 17. JUNI
LIESS DER SEKRETÄR DES SCHRIFTSTELLERVERBANDS
IN DER STALINALLEE FLUGBLÄTTER VERTEILEN
AUF DENEN ZU LESEN WAR, DASS DAS VOLK
DAS VERTRAUEN DER REGIERUNG VERSCHERZT HABE
UND ES NUR DURCH VERDOPPELTE ARBEIT
ZURÜCKEROBERN KÖNNE. WÄRE ES DA
NICHT DOCH EINFACHER, DIE REGIERUNG
LÖSTE DAS VOLK AUF UND
WÄHLTE EIN ANDERES?

BERTOLT BRECHT. BUCKOWER ELEGIEN 1953

Mein Gesprächspartner Hans Jürgen J. in Gottesgabe (Mol)

GOTTESGABE MOL MÄRKISCHES OBERLAND

Am Rande der Märkischen Schweiz erreichte ich nach meiner Rad-
tour das Gottesgabe. „Das Rad können sie bei uns einfach stehen
lassen", sagte mir Hans Jürgen J., „hier bei uns kommt nichts weg!"
Er zeigte mir den Ort und erklärte dazu:

„Das Gutsgebäude ist verfallen. Der Teich versumpft immer mehr.
Einige Stallungen und Steinreste zeugen von der Vergangenheit.
Aus der alten Schmiede ist ein Stall geworden. Unter dem Gestrüpp
des Brauhauses soll noch ein Brunnen sein ... die letzten Herrschaf-
ten waren eine Familie von Oppen."

Nach seinen Vorstellungen wird Gottesgabe wieder aufblühen.
Die Mitmenschen dort bauen an den Häusern und pflegen ihre
Gärten.

Alles braucht seine Zeit.

Gottesgabe und die Familie von Oppen

Die Familie von Oppen besaß Altfriedland, am Rande des Oderbruchs, mit allen Ländereien von 1883 bis 1945. Ursprünglich war Altfriedland Itzenplitzscher Besitz gewesen. Vor den Itzenblitz waren dort die Lestwitz am Hegen und Pflegen. Eine Gräfin von Itzenplitz heiratete 1884 einen von Oppen. So kam die Familie von Oppen in eine Traditionslinie, ... die Theodor Fontane eine ausführliche Beschreibung wert war.

Altfriedland war zunächst ein Nonnenkloster der Zisterzienser. Lange nach der Auflösung des Klosters fiel der Besitz an einen von Lestwitz. Friedrich der II. schenkte es seinem Major und späterem General, der im Siebenjährigen Krieg ... am 3. November 1760 das Blatt in der Schlacht zu Torgau hatte wenden können ... „Lestwitz a sauvé l'etat!" – „Lestwitz habe den Preußenstaat gerettet."

Dieser Lestwitz war der Vater von Helene Charlotte Lestwitz ... der Frau von Friedland, um die es Fontane vor allem ging. Sie hatte einen von Borcke geheiratet und eine Tochter geboren. Die Ehe war unglücklich, wurde geschieden. So wurde die Helene Charlotte zu „Frau von Friedland". Mit sehr viel landwirtschaftlichem Geschick, Energie und Menschlichkeit verwaltete sie die Güter. Fontane nannte sie: „Eine selten und ganz eminente Frau; ein Charakter durch und durch..."

Die von Oppens verpachteten ihren Besitz an die „märkische Ritterschaft". Im September 1945 wurde der Besitz der von Oppens ... enteignet.

Das Vorwerk GOTTESGABE MOL

Die Siedlung ist sehr alt. Sie kam im Jahre 1305, GODESGAVE, in einem späteren Zehntregister „GOTTES KAVEL" Kirchenland genannt, ... in den Besitz des Klosters Friedland. Das Dörfliche wird zum Klostervorwerk. In Friedland und in Gottesgabe – sagt das Erbregister von 1587:
Können notdürftiglich gehalten und ausgefuttert werden
60 Haupt Rindvieh. -
1710 bestand das Vorwerk ... die Gottesgabe:
Aus Meyerhaus und Ochsenstall, Scheune, Schäferhaus, Schafstall von 46 Gebinden; Speicher, Brunnen und vier Gärten. Die Schafzucht stand im Vordergrund.
1786 wurde das Vorwerk durch die Bauernfeldmark Friedland

ganz von dem am Kietzer See gelegenen Amtacker abgeschnitten. Das Dorf wurde 1792 vergrößert. 1789 bis 1816 von der Gemeinde Metzdorf mitverwaltet. 1802 kamen von Friedland bedeutende Grundstücke hinzu. Nach 1805 ist Gottesgabe fast selbstständig. 1880 ist das Dorf abgebrannt ... doch nach 1900 ist alles neu aufgebaut worden.

Kirche in Altfriedland

Pumpe in Gottesgabe Mol

Mein Drahtesel von Buckow nach Gottesgabe Mol

Streuobst an der Strecke nach Gottesgabe in Mol

Ein jeder kann,
was er wirklich will!
Also fest entschlossen:
Deinem Leben
Wert und Sinn noch heute geben.
Wenn du weißt,
was du wirklich willst.

Abends am Schermützel See

4. Teil

Gottesgab BOŽI DAR im Erzgebirge

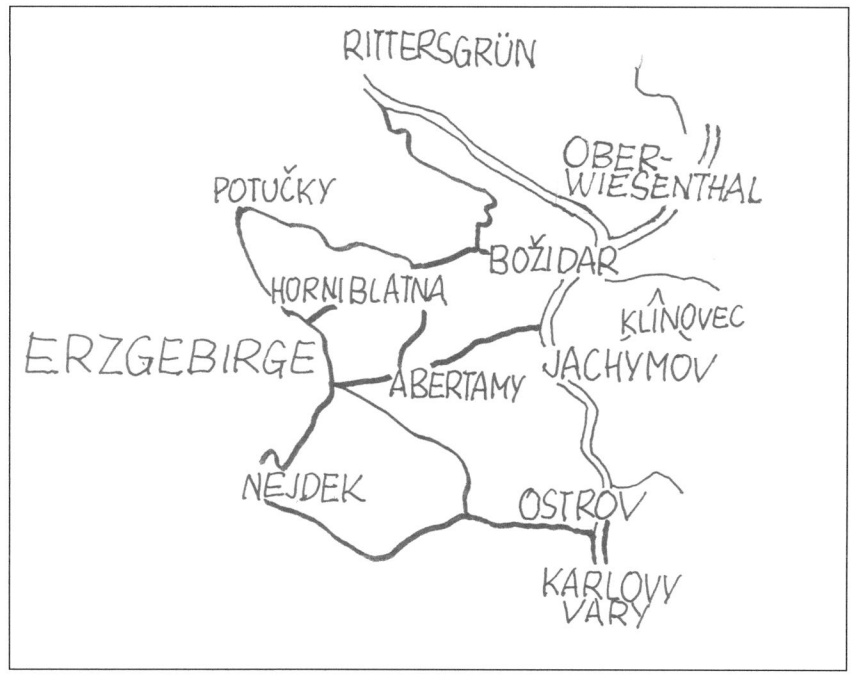

Lage-Skizze

... HIN NACH GOTTESGAB ...

EGON ERWIN KISCH ... schon mit Buckow erwähnt, empfahl dem griechischen Schriftsteller NIKOS KAZANTZAKIS zum Schreiben in Gottesgab im Erzgebirge. Sein weltweit bekannter Roman ist: ALEXIS SORBAS die Abenteuer auf Kreta.

In den Jahren 1930 bis 32 erlebte der Grieche seinen schöpferischen Aufenthalt bei Philipp Kraus in Gottesgab.

Nikos sagte wörtlich:

„Ich wünsche mir immer neun Monate in absoluter Einsamkeit zu leben und drei zu reisen; das wäre genau das, was ich brauche."

Schilderwald im Erzgebirge

Lehrerin aus Boži Dar erklärt auf dem Naturlehrpfad Hochmoor

SILBER DER ANFANG VON GOTTESGAB

Die Gründung der Bergstadt Gottesgab im böhmischen Erzgebirge hängt mit der Gewinnung von Silber und Zinn zusammen. Das Gebiet um Gottesgab gehörte seit 1424 den böhmischen Herren aus Tettov. Nach dem Tode des Georg Wilhelm von Tettau, fällt es Georg von Podebrady zu. Dieser gab es im Jahre 1459 als Heiratsgabe seiner Tochter Zdenka dem sächsischen Kurfürsten Albrecht.

Nach 1528 wurde reichlich Silbererz dort gefunden. Am 13. Mai 1529 verkündet der sächsische Kurfürst Johann Friedrich nördlich von St. Joachimsthal das Schürfrecht. Der Aufschwung mit dem

Silber ergab auch oft Streitigkeiten. Nach 1533 wurde Gottesgab neu aufgebaut.

Nach der Sage nannte sich der Ort ursprünglich Wintergrün. Der Name GOTTESGAB ergab sich nach dem Ausspruch des sächsischen Kurfürsten Johann Friedrich, dem die Bergleute bei seinem Besuch im Jahre 1546 eine Bank aus purem Silber zur Rast anboten. Der Herrscher lehnte ab: „Dieses edle Metall ist Euer Brot, es ist GOTTES-GABE!"

Im Tage- und Tiefbau wurden die Erze gefördert. Außer Silber und Zinn gewann man in der Umgebung: Eisen-, Kobalt- und Wismut-Erze, sogar einige Goldkörner wurden gefunden. Sie wurden dem König übergeben. Im 16. Jahrhundert ging die Bergbaubedeutung erheblich zurück.

BOŽI DAR GOTTESGAB in Tschechien

Es ist das höchst-gelegene Städtchen Mitteleuropas.

Bozi Dar liegt 1028 m über dem Meeresspiegel im Erzgebirge. Es hat einen Grenzübergang in die Bundesrepublik Deutschland.

Um 1517 begann in diesem rauhen Landstrich die Silber- und Zinnförderung. Im Jahr 1533 ließ der sächsische Kurfürst die Bergbaustadt gründen. Bis zum 30-jährigen Krieg erlebte Gottesgab seine Blütezeit.

Waldarbeit, Torfgewinnung und Heimarbeit, Klöppeln und Schnitzen, waren danach die Erwerbstätigkeiten der Einwohner. Ende des 19. Jahrhunderts hatte die frühere 2.000 Seelen zählende Gemeinde nur noch 1.200 Einwohner.

Der bedeutenste Bau ist die Barock-Kirche der Heiligen Anna von 1772. Der Sänger und Dichter des Erzgebirges, Anton Günther, erblickte in Gottesgab sein Licht der Welt.

„Vergoss dei Hamit net!"

Anton Günther starb am 29. April 1937 in seinem Gottesgab. Sein Grab und Gedenken liegt dort auf dem Friedhof.

Etliche Opfer eines Todesmarsches nach dem 2. Weltkrieg werden in einem Grab dort geehrt. Rundum Boži Dar ist heute ein weites Wintersportgebiet.

Boži Dar

Im neuen Frühling
Es wird Blüten regnen,
die Sonne wird scheinen;
GOTT wird segnen ...
Dich und die Deinen.

St. Anna in Boži Dar

ST. ANNA IN GOTTESGAB

Die Pfarrkirche in Gottesgab, die HEILIGE ANNA, ist das bedeutenste Baudenkmal in der Stadt. Sie wurde anstelle einer älteren
Renaissancekirche aus dem Jahre 1593 um 1771 gebaut. Die Pläne
dazu entwarf der Baumeister Philipp Heger.

In der Kirche ist das Juwel ein achteckiges Taufbecken aus Zinn.
Das Relief-Flies zeigt Motive der sieben freien Künste. Um 1612
schuf der Joachimsthaler Zinngießer Leonard Dürr dieses kostbare
Werk.

BOŽI DAR GOTTESGAB WAPPEN

Zeichnung Anton Günther
Heimatdichter in Gottesgab

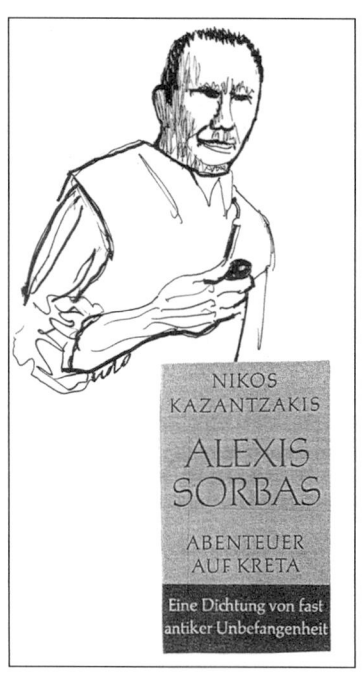

Beim Aufstieg zum Klinovec (Keilberg)

VERGOSS DEI HAMIT NET

Vergoss dei Hamit net ...
su sengt jeds Bächele,
vergoss dei Hamit net ...
su rauscht de Wald.
Es heilt de Schtorm ons zu en kalten Wenterschzeit;
vergoss dei Hamit net,
dort is dei Halt.
Fest schtieh zen Volk dr Hamit trei,
su wolln mer Arzgabercher sei.

Gedichtet von Anton Günther aus Gottesgab um 1910.
Laut gelesen ... so klingt eine alte Volkssprache aus Böhmen

Kuren bei GOTTESGAB

Im Juni 2001 kurten meine Frau Ilse und ich im Radium Palace in St. Joachimsthal (jetzt Jachymov). Bei einer Rundfahrt erklärte und zeigte uns die ehemalige Lehrerin, Eva, aus Gottesgab, ihre herb-reizvolle Heimat. Sie fremdenführte uns: über Keilberg, Plettberg zur Plessberg Baude. Von ihr aufmerksam gemacht ... entdeckten wir BOŽI DAR ... GOTTESGAB. Sie zeigte uns den Hochmoor-Lehrpfad mit der kleinsten Birke; nur bis über 10 cm hoch ... Bonsai-klein.

Radium-Gedanke

Mancher Schmerz ... zieht vorbei,
wenn du ihn lächelnd re-spektierst.
Dein Denken wird ... frei.
Linderung quillt,
wenn du deine Wahrheit kapierst.

Fliege ... gedanklich
mit den Vögeln auf zum Himmelszelt ...
er-lebe neue Perspektiven
von der schönen Welt!

GLÜCK

jedes Glück

wird vom Herzen bewegt ...

was für einen A U G E N B L I C K

unsere Welt trägt.

Am Schermützel See

LEBEN

MIT GUTEM DENKEN

WIRD LIEBE UND FREUDE

SCHENKEN.

Bei der Tour durch Mecklenburg

WI EEN OLLEN BOOM

Ick bün
wi een ollen Boom
so in
de lat Sommertied
smiet aff
manch riepen Droom
för
Na-Denkend Lüüd.

Plattdeutsch ist eine alte Volkssprache.
Plattdütsch kann so herzlich und verbindlich klingen ... beim Sprechen, Hören und Singen.

HERBSTSTIMMUNG

Sind die Vogelbeeren rot,
ist der Sommer fast vorbei.
In den Nestern Federkot
und der Nachwuchs fliegt sich frei.

Nebelschwaden früh am Morgen
über Stadt und Land.
Hamster sich um Vorrat sorgen
hier und da am Felderrand.

Ein letztes Blatt vom Baume fällt ...
hochoben krächst 'ne Kräh ...
kahl und kalt ringsum die Welt
wartet auf den ersten Schnee.

Schiet! Schiet!

Ick heff een lüttn Vogel,
datt is een stuur Deert.
Keen Zucker hölpt ... keen Tagel,
he wipp nur mit'n Steert.
Een Ton man hett he op sien Fleit;
to allns watt he segg un deit ...
segg mien lütte Klüt:
„Schiet! Schiet!"

Mien Vadder de schull starvn.
Weer he een riekn Mann?
Ick dach, ick kunn veel arbn;
un schaff mi een Geldschapp an.
Am Enn krech ick een ollen Hoot.
Watt weer nu all mien Glovn bloß?
Dor piep mien lütte Klüt:
„Schiet! Schiet!"

Un liech ick eenst begravn;
un Wörm snach an mien Been ...
dor sitt mien Lünning baven opp mien Liekensteen.
Un knorr ick dump ut Grav un Dood:
„Watt weer nu all datt Levn bloß?"
So piep mien lütte Klüt:
„Schiet! Schiet!"

Tied is Geld

De Tied vorbi flutscht ...

tick-tack, tick-tack, tick-tack.

Datt Geld no allen Sieden futsch...

klick-klack, klick-klack, klick-klack.

Een leev Hart

un hölpen Hann

... bring di dörch de Lann!

Mein Glaube

an JESUS CHRISTUS

schenkt mir täglich Kraft

ein stilles VATERUNSER

gibt Rat zur Tat

hilft mehr

als Medizin und Wissenschaft

GLAUBE schenkt mir

klares Verstehen

besseres Sehen

Träume voll Hoffnung

wache Lebensfreude

ich werde getragen von Nächstenliebe

einfache Zeichen

alles zum Weitergeben

VERTRAUEN

große, dicke kleine
bunte, stille Steine
flächenweise am Ostseestrand
von der See poliert
Wellen haben transportiert
decken sie den Sand
jeder Stein mit Wasserkraft
meisterte die Wanderschaft

Jeder kann mit GOTT-Vertrauen
auf der Welten Urkraft bauen.

GUIDO ZWASCHKA AUS GOTTESGABE
ÜBER UDO JÜRGENS

Wer ist dieser Mann, der sich Gedanken über unser Dorf macht?
Es ist mein Onkel; und ein Gottesgaber Jung, der seine Konfi-Zeit
und Jugend hier erlebte.

Hier Ausschnitte aus seiner Biografie:
Geboren am 27. Dezember 1935 in Lütjenburg.
Die Eltern wohnten bereits in Hamburg ... (er ist zu früh geboren ...
einen Tag nach Weihnachten).
Eingeschult 1941 in Hamburg (Kriegszeit).
Der Umzug nach Gottesgabe war im Januar 1948.
In der Folgezeit besuchte er den Aufbauzug in der Lütjenburger
Schule. 1951 war seine Konfirmation in der Lütjenburger St. Mi-
chaeliskirche.
Nach 1953 lernte er Reklamemaler in Hamburg.
Er ging freiwillig 1956 zur Bundeswehr.
1958 heiratete er seine Frau Ilse. Zwei Töchter wurde ihnen ge-
schenkt; Eva Maria (1959) und Ulrike (1963). Nach der Bundeswehr-
zeit studierte er in der Werbefachlichen Akademie. Er war Werbe-
fachmann. Ab 1967 ging er beruflich zur Deutschen Bundespost.

Leichtathletik ist sein Sport, er war Geher und Langläufer.
Er gründete die Betriebssportgruppe beim Postsparkassenamt.
Ehrenamtlich arbeitet er heute in seiner Kirchengemeinde in
Meiendorf.

Alles Weitere lesen Sie bitte in und zwischen den Strichen und
Zeilen.

Guido Zwaschka

DANKESCHÖN ...

liebe Mutter, lieber Vater, liebe Schwester,
liebe Frau, liebe Töchter;
liebe Ilse, liebe Elke, lieber Guido, lieber Manfred, lieber
Hannes, liebe Inez, lieber Jörg ...
liebe Freundin und Helferin, lieber Freund und Helfer nah
und fern.
Jede Idee, jeder Gedanke, jedes Wort,
jeder Strich mit Farbe und Ton, in Klang und Aussage be-
stärkt unser Leben auf der einzigen, schönen Erde.
Jedes Erwachen allmorgendlich ist eine Geburt in den neuen
Tag. Allabendlich dankend das Er-leben zurück-geben.
Träume schenken ... Liebe, Glaube und Hoffen für den kom-
menden Morgen ...

DANKE
für jede GOTTESGABE!

Een Oogenblick ... hest du dien Glück;
smiet di int Tüch ... datt kümmt nich trüch!

QUELLEN-NACHWEIS

Nordelbische Kirchenzeitung
Zeitung der deutschen Böhmen, Mähren und Schlesier
Amt Märkische Schweiz
Landamt für Denkmalpflege Schwerin
„Langes Haus" Altfriedland
Autoren, Dichter und Denker werden unter den Texten genannt
dazu etliche Gespräche mit lieben Mitmenschen.
Foto Ziegelei von Kalli Engler